BEI GRIN MACHT SICH IHR WISSEN BEZAHLT

- Wir veröffentlichen Ihre Hausarbeit,
  Bachelor- und Masterarbeit

- Ihr eigenes eBook und Buch -
  weltweit in allen wichtigen Shops

- Verdienen Sie an jedem Verkauf

Jetzt bei www.GRIN.com hochladen
und kostenlos publizieren

Religion oder Sekte? Ein Projektportfolio zur Religionskritik

Jenny Braun

GRIN ☺

Bibliografische Information der Deutschen Nationalbibliothek:

Die Deutsche Nationalbibliothek verzeichnet diese Publikation in der Deutschen Nationalbibliografie; detaillierte bibliografische Daten sind im Internet über http://dnb.d-nb.de abrufbar.

ISBN: 9783346446060
Dieses Buch ist auch als E-Book erhältlich.

© GRIN Publishing GmbH
Nymphenburger Straße 86
80636 München

Druck und Bindung: Books on Demand GmbH, Norderstedt Germany
Gedruckt auf säurefreiem Papier aus verantwortungsvollen Quellen

Das Buch bei GRIN: https://www.grin.com/document/1030326

Universität Potsdam

Philosophische Fakultät

Religion und Religionskritik -

6. Semester

Projektportfolio
im Rahmen des Interdisziplinären Projekts
zum Thema Religion und Religionskritik

Jenny Braun

Eingereicht am 11.08.2017

Inhaltsverzeichnis

Inhalt

1. Einleitung

Im Rahmen des Interdisziplinären Projekts für LER stand das dazugehörige Seminar unter dem Oberthema „Religion und Religionskritik".

Hierzu wurde in der ersten Sitzung das Video „Der Prediger und ich" („Der Prediger und ich" (Doku 3sat 23.03.2015), youtube.com) gezeigt, das als thematischer Anreiz fungieren sollte. Die Themenfindung jedoch sollte in selbst erstellten Gruppen stattfinden und war individuell wählbar. Unter Begleitung der ebenfalls selbst gewählten Dozentin wurde eine erste Fragestellung und ein grober Projektplan erarbeitet. Die Dozentin wurde entsprechend dem gewählten Themenschwerpunkt ausgesucht, um eine Hilfe und fachkundige Betreuung darstellen zu können, was bezüglich unseres Themas auf Frau Baumann zutraf. Ab dem 5. Mai 2017 wurden die Gruppen in die Arbeitsphase entlassen, in der sie die Aufgabenverteilung, den Zeitplan und sämtliche inhaltliche Schwerpunkte selbst organisieren und erarbeiten mussten. Es war eine freie Arbeit, die von einzelnen Konsultationsterminen mit der betreuenden Dozentin begleitet wurde.

Wie man es sich an dieser Stelle vermutlich vorstellen kann, ist eine Gruppenarbeit mit fünf verschiedenen Charakteren während einer freien Arbeitsphase nicht nur von vielen Ideen und Positionen geprägt, sondern auch von entsprechenden Schwierigkeiten für die Gruppe, sowie jeden Einzelnen darin. In diese rege und vielseitige Arbeitsphase soll dieses Portfolio einen Einblick geben, indem einerseits die inhaltliche Arbeit bis hin zum Projektprodukt vorgestellt und andererseits der erlebte Lernprozess, sowie der Kompetenzzuwachs reflektiert und analysiert wird. Dabei soll die eigene Arbeit beurteilt und kritisch betrachtet, aber auch das Erlebnis in der Gruppenarbeit dargestellt werden.

2. Thema und Arbeitsphase

2.1 Themenfindung

„Religion manipuliert doch sowieso nur die Menschen in Not, damit sie alles glauben!" Nachdem wir den Film „Der Prediger und ich" („Der Prediger und ich" (Doku 3sat 23.03.2015), youtube.com) im Seminar sahen, war dies unsere erste Diskussionsthese, von der wir schnell sehr überzeugt waren. Mir stach bei diesem Film vor allem die Vermarktung von Religion als Ausweg aus aussichtslosen Situationen ins Auge, was mit der Kommerzialisierung von Religion einher ging. Der Film vermittelte für mich eine beeindruckende Hingabe der Menschen zu den Vertretern einer Religion, die angeblich Kontakt zu einem Gott haben und dadurch als Retter und Heiler angesehen werden. Dieser Prediger löste überwältigende Emotionen bei den Menschen aus und zog sie durch seine Worte, in eine riesige Show eingebettet, in seinen Bann. Sie glaubten ihm, taten was er sagte und verehrten ihn wie ihren Gott selbst. Im Endeffekt zahlten sie dafür auch einen gewissen Preis und der Prediger verdiente dem entsprechend, was seine Güter, die im Film gezeigt wurden, deutlich werden ließen. An diesem Punkt kam mir der Gedanke, dass eben jene Hingabe der Menschen für kommerzielle Zwecke (aus)genutzt wird und die „Verkörperung der Religion" lediglich ein Mittel zum eigenen Zweck ist. Somit kam die erste These auf: „Das Leid und die aussichtslosen Situationen der Menschen werden von Religionen genutzt, um sie als Anhänger zu gewinnen."

Weiter ging es mit Annahmen wie „Solche Religionen sind doch reine Sekten!" Religionen waren so mit Sekten über einen Kamm geschert und wir benutzten für alle die selben Begriffe, wie wir sie bis dahin kannten und gebrauchten. Nach einiger Zeit der regen Diskussion und des Austausches unserer Halbwissens zu ähnlichen Religionen und Sekten kamen irgendwann Fragen auf. Wird die Religion zur Manipulation genutzt oder die Manipulation für die Religion? Was ist eigentlich „die Religion"? Wie funktioniert eine Sekte und was ist der Unterschied zu einer Religion?

Hier ist der Zusammenhang mit dem Oberthema des Seminars „Religion und Religionskritik" deutlich erkennbar. Vor Allem der Aspekt der Kritik stand dabei im Fokus und sollte an Religionen und Sekten geübt werden, um unsere Meinungen und Vorurteile zu unterstützen. An diesem Punkt, bereits vor unserer eigentlichen Gruppenarbeit, merkte ich, dass wir viel mit Begriffen und Formulieren arbeiten, ohne ihre genaue Bedeutung zu kennen. In aller Euphorie und Aufregung über den Film habe ich mich in Vorurteile und Meinungen gestürzt, die ich nicht stützen und belegen konnte. Somit war relativ früh klar – es muss Einiges geklärt werden.

2.2 Schwerpunkte

In unserem Projekt sollte es also um die Menschen innerhalb einer Religion gehen und um die Frage, ob sie dort manipuliert werden. Dabei habe ich mich vor allem gefragt, wie nah diese „Neue Religion", wie sie im Film dargestellt wurde, der eigentlichen Religion ist, da viele Elemente des Christentums innerhalb der Versammlungen der „Charismatischen Christen" verwendet, jedoch auch einiges verändert oder missachtet wurde. Was macht in dieser Hinsicht eine Religion aus? Welche Aspekte sind entscheidend und kann man das überhaupt mit einer Sekte gleichsetzen? Auch diese Fragen sollten wir klären, wobei die ersten Unstimmigkeiten in der Gruppe entstanden. Wir überlegten, wie wir einen Vergleich von Religion und Sekte anstellen, ohne eine reine Literaturstudie vorzunehmen und kamen dabei zu keinem einheitlichen Nenner. Zu diesem Zeitpunkt hatten wir glücklicher Weise einen Termin mit Frau Baumann, die die Unstimmigkeiten schnell durch andere Problematiken ersetzte. „Was verstehen sie denn überhaupt unter „Manipulation"? Diese Frage hat unser bis dahin eigentlich für gut erachtetes Konzept sehr labil aussehen lassen und die Euphorie verblasste kurz, als keiner eine Antwort darauf fand außer „Naja ich glaube...". Der Rat war nun, die großen Ideen mit diesen großen Begriffen einzuschränken und eher daran zu arbeiten, jene genau zu erarbeiten. Während dieser Besprechung mit Frau Baumann eröffneten sich uns weitere Ideen, den angestrebten Vergleich anzustellen. Beispielsweise beschlossen wir, uns gezielt mit ausgewählten Sekten zu beschäftigen und dabei Vergleichskriterien zu erstellen, an denen Gemeinsamkeiten und Unterschiede deutlich werden (S. Anhang I: Vergleichstabelle). Um den Unterschied zwischen Sekte und Religion feststellen zu können, haben wir eine Religion ausgewählt, die wir mit den selben Kriterien untersuchen wollten. Auch die Begriffe *Religion* und *Sekte* selbst mussten untersucht werden. Somit stand die Vergleichstabelle im Fokus unserer nächsten Arbeitsschritte, sowie die Begriffsklärung bzw. Einschränkung rund um Manipulation.

Der Manipulationsbegriff stand immer noch ungeklärt im Raum und so befassten wir uns zunächst intensiver mit ihm und seiner Definition. Dabei stießen wir auf viele verschiedene Arten und vor allem die Tiefgründigkeit dieses psychologischen Prozesses. Dass wir diesen Vorgang nicht in seiner Komplexität thematisieren konnten, wurde recht schnell klar. Daher stützten wir uns auf einen Teil und einigten uns darauf, „Brainwashing" im Zusammenhang mit Sekten und Religion zu verwenden. Dieser Begriff ist wissenschaftlich klar, relativ einheitlich definiert und begegnete uns häufig im Zusammenhang mit Sekten, weshalb er für unser Thema sehr passend erschien. Wir wollten jedoch nicht nur den Begriff selbst behandeln, sondern diesen Vorgang auf unsere ausgewählten Sekten und Religionen anwenden um einen weiteren Vergleich anstellen zu können, ob Religionen und Sekten solch eine Strategie gleichermaßen nutzen. Daher haben wir einen weiteren Schwerpunkt gesetzt und entschieden uns dafür, Indikatoren für Brainwashing aufzustellen und auszuwählen, anhand derer wir unsere entsprechenden Sekten bzw. Religionen auf Brainwashing untersuchen konnten (S. Anhang II: Indikatoren für Brainwashing). Der große Manipulations-Begriff war somit eingeschränkt, unsere Arbeit auf klare Begrifflichkeiten fokussiert und die Aufgaben auf alle in der Gruppe verteilt.

2.3 Leitfrage

Unsere These stand schon seit Beginn fest und nun auch unsere Schwerpunkte, sowie Probleme, die es in der Projektarbeit zu bearbeiten und beheben galt. Die vielen Fragen, die sich uns stellten, musste wir nun noch ordnen und in eine bringen, um unsere Leitfrage zu formulieren, mit der wir unsere These belegen oder widerlegen konnten.

Beim Formulieren bemerkten wir schnell, dass wir nicht immer von „Sekten und Religionen" sprechen können und wollen, sondern einen Begriff finden müssen, der beide wertungsfrei und korrekt umfasst. Wir entschieden uns nach langem Überlegen und Kritisieren für „Gruppierungen", was allgemein genug ist, jedoch das Hauptmerkmal beider Begriffe umfasst – dass es sich um Gruppen von Menschen handelt, was uns bereits zum entsprechenden Zeitpunkt klar war. Allein

4

die Bearbeitung der Begrifflichkeiten und die Recherchen über Manipulation bzw. Brainwashing und passende Sekten, sowie einer passenden Vergleichsreligion, kostete uns einige Treffen und Wochen. Doch dies blieb nicht ohne Erfolg. Wir konnten zumindest eine Leitfrage formulieren, hatten einen Plan für die kommenden Wochen, Schwerpunkte und ein damit einhergehende Projektprodukt als Ziel. Unsere fertige Leitfrage, unter der das Projekt fortan laufen sollte, lautete letztlich:

Inwiefern wird Brainwashing innerhalb von Gruppierungen genutzt, um Anhänger zu gewinnen und zu halten?

3. Der inhaltliche Schwerpunkt

3.1 Die Raelianer

Nach der intensiven Arbeit an unserem großen Thema und der Festlegung der Schwerpunkte gingen wir in die Einzelarbeitsphase. Wir haben uns vorher gemeinschaftlich abgesprochen, wer welche Sekte recherchiert, welche Vergleichsreligion wir nehmen und wer die Indikatoren zu Brainwashing erarbeitet. Der Tipp von Frau Baumann hinsichtlich der Recherche über Sekten war eindeutig: „Gehen Sie nicht zu denen hin! Die sind verdammt gut in dem, was sie tun!" Dies schreckte uns ein wenig ab und schränkte uns gleichzeitig in den Möglichkeiten des Recherchierens ein. Eine genaue Literaturstudie war nun nötig unter ständiger Berücksichtigung der Vergleichskriterien (S. Anhang I: Vergleichstabelle). Es ging hierbei nicht darum, die Sekte nur vorzustellen, sondern um die Beurteilung, ob und in welcher Hinsicht sie den Kriterien für eine Sekte überhaupt entspricht. Dafür haben sich zwei Gruppenmitglieder mit den sehr verbreiteten, bekannten und anerkannten Sekten, den Zeugen Jehovas und Scientology beschäftigt, ein Kommilitone mit der Vergleichsreligion Buddhismus und ich mit einer eher unbekannten und vor allem außergewöhnlichen Religion. Mit Sekten verband ich immer etwas Krankes und damit Negatives. Ich habe mich schon immer gefragt, warum Menschen sich diesen fragwürdigen und eindeutig unsinnigen Denkweisen anschließen und davon beherrschen lassen. Da ich mich jedoch über meine persönliche Meinung hinaus noch nie so intensiv mit Sekten beschäftigt habe, nutzte ich zunächst eine Seite, die die „10 gefährlichsten Sekten der Welt" auflistet und kurz beschreibt (Die 10 gefährlichsten Sekten der Welt, huffingtonpost.de, Marcel Bohnensteffen, 05.06.2014).

Der erste Satz dieses Artikels machte mich direkt neugierig.

> „Sie manipulieren, sie drangsalieren, sie terrorisieren. Und sie machen Menschen zu wehrlosen Opfern. Sekten verbreiten weltweit Angst und Schrecken." (Ebenda)

Gleich das zweite Wort war wieder das beliebte „manipulieren" in direktem Zusammenhang mit Sekten und auch „wehrlose Opfer" passte zu meinen bisherigen Annahmen. Ich fühlte mich in meinen Vorurteilen gegenüber Sekten bestätigt und ahnte gleichermaßen, was Frau Baumann mit ihrem Ratschlag meinte, der wohl nicht grundlos einer Warnung gleich kam. Die dort aufgelisteten Sekten übertrafen sich in Fragwürdigkeit gegenseitig. Besonders gerieten jedoch „Die Raelianer" in meinen Fokus, die auch „Ufo-Sekte" genannt werden.

Die Grundannahme der rund 50-70.000 Raelianer besteht darin, dass „Wissenschaftler von einem anderen Planeten mittels DNS alles Leben auf der Erde [erschufen]." (inforel.de) Die s.g. Elohim[1] sandten Propheten (Mohammed, Buddha, Jesus und Moses) auf die Erde, die die Weltreligionen gründeten, um die Menschheit bei ihrer Entwicklung zu unterstützen. Der Gründer der Sekte, Claude Vorilhon, hält sich für den Halbbruder Jesus, da seine Mutter von den Elohim entführt worden sei und durch Jahwe ihr Kind empfing (Die Raelianer – Ufo-Glauben und Atheistischer Kreationismus, spektrum.de, Michael Blume, 19.02.2011).

Trotz dieser religiösen Ansätze verstehen sich die Raelianer als „wissenschaftlich orientierte Atheisten" (Ebenda), die vor allem die katholische Kirche strikt ablehnen. Einerseits verstehen sie sich als Befürworter der Wissenschaft, andererseits lehnen sie Theorien wie die der Evolution ab. In diesem Zwiespalt ist die Entstehungstheorie bzw. Abstammungslehre der Raelianer selbst entstanden, wie sie oben bereits kurz erläutert wurde. Des Weiteren glauben die Anhänger der Sekte daran, dass eine wertvolle Fortpflanzung der Menschen nicht auf biologische, sondern technische Weise erfolgen muss. Hierbei bilde das Klonen das Optimum und stellt somit den Fokus der angehörigen Wissenschaftler dar., Nur das Klonen verhelfe den Menschen zu irdischer Unsterblichkeit und einem paradiesischen Leben nach dem Tod. Auch an dieser Stelle entstand meines Erachtens ein gewisser Zwiespalt – Wie kann es ein Leben nach dem Tod geben, wenn Unsterblichkeit herrscht?

Ich blickte mit großer Skepsis und ständigem Kopfschütteln auf die Recherchen zu dieser Sekte, die jedoch zur folgenden Tabelle notwendig waren.

---

[1]Die Elohim sind nach dem Rael-Glauben die außerirdischen Schöpfer allen Lebens, deren Anführer *Jahwe* den Vater Jesu darstellt.

3.2 Die Vergleichstabelle

Um unsere ausgewählten Gruppierungen nicht nur willkürlich zu betrachten, sondern später auch sinnvoll vergleichen zu können, entschieden wir uns für eine Vergleichstabelle, die die wichtigsten Kriterien einer Sekte beinhalten sollte.

Kriterium	Scientology	Zeugen Jehovas	Buddhismus	Ufo-Sekte
Begründer der Gemeinschaft				
Gründungsaspekte				
Annahmen				
Lehre				
Selbstpräsentation				
Ziele/Versprechungen				
Ausbildung der Anhänger				
Größe der Gemeinschaft				
Aufgreifen von religiösen Ansätzen				
Rituelle Praktiken				
Prozess der Mitgliedergewinnung				

Abb. 1: Vorlage Vergleichstabelle (Vgl. Anhang I: Vergleichstabelle)

Diese Tabelle stellten wir auf, nachdem wir uns zunächst oberflächlich mit den Sekten beschäftigt haben und einen ersten Eindruck von ihnen bekommen hatten. Bereits an dieser Stelle wurde deutlich, welche Aspekte sich vergleichen lassen und welche eher nicht allgemein zutreffen. Jede der Gruppierungen lies sich auf einen Begründer zurückverfolgen und auch die Größe der Gemeinschaft war in jedem Falle gemessen, mehr oder weniger präzise. Die Gründungsaspekte der Gruppierungen[2] waren sehr unterschiedlich und bildeten die Grundlage für die

---

[2] Im Folgenden verwende ich den Begriff „Gruppierungen" umfassend für die in der Tabelle verglichenen Sekten, sowie der Vergleichsreligion.

Annahmen und Lehren. In der ersten Fassung der Tabelle verwendeten wir noch Begriffe wie „Grundannahme" und „Glaube". Diese Begriffe glichen sich jedoch teilweise und widersprachen u.a. unserer Annahme, dass *Glauben* hinsichtlich Religionen anders definiert sein muss, als für Sekten. Dies hätte eine weitere Begrifflichkeit dargestellt, deren Definition uneinheitlich und schwer objektiv formulierbar ist. Somit kamen wir zu dem Entschluss, vom Gründungsaspekt ausgehend die Annahme der Gruppierung getrennt von der Lehre zu betrachten und vom Glauben abzusehen. Diese Aspekte sind sich sicherlich sehr nahe, jedoch kann die Annahme so verstanden werden, dass sie die theoretische Seite abdeckt und die Lehre die praktische, da sie aktiv verbreitet und gelehrt wird. Wir verglichen dies grob mit der Bibel: Die Annahme ist, dass es Gott und Jesus gab bzw. gibt und die Lehre besteht darin, nach den 10 Geboten zu leben, um ein gottesfürchtiger Christ zu sein und nach dem Tod ins Paradies zu gelangen.[3] Daraus resultieren wiederum die Ziele und Versprechungen eng gebunden an die Selbstpräsentation der Gruppierung, um jene Ziele zu verfolgen und die Lehren zu verbreiten. Die Anhänger werden auf unterschiedlichste Art und Weise in den verschiedenen Gruppierungen ausgebildet, was in den entsprechenden Spalten übersichtlich dargestellt werden sollte. Die für mich spannendste Gemeinsamkeit und gleichzeitig der prägnanteste Unterschied bestand im „Aufgreifen religiöser Ansätze". Hier sind die drei aufgeführten Sekten mit ihren eigenen Bibelinterpretationen extrem unterschiedlich, berufen sich jedoch alle allein auf das Christentum und dessen Grundsätze. Natürlich gehörte neben diesen inhaltlichen Schwerpunkten auch die praktische Umsetzung zum Vergleich dazu, wie diesen Aspekten in Form von „Rituellen Praktiken" nachgegangen wird. Auch der Prozess der Mitgliedergewinnung war bei allen Gruppierungen beschreibbar, jedoch in der Umsetzung und vor allem im aktiven Vorgehen sehr unterschiedlich. So bieten die Raelianer beispielsweise lediglich Informationsveranstaltungen an, zu denen die Menschen freiwillig gehen und auch im Buddhismus kommen die Menschen auf die Gruppierung zu, wohingegen die Zeugen Jehovas aktiv an die Menschen heran treten und auch Scientology stets durch u.a. Werbung in Briefkästen Mitglieder gewinnen will.

---

[3]Dieses Beispiel dient lediglich der Veranschaulichung.

Nicht nur bezüglich der Aspekte in der Vergleichstabelle, sondern auch hinsichtlich der Brainwashing-Indikatoren habe ich die Ufo-Sekte bzw. Raelianer untersucht. Die Tabelle aufzustellen, fiel in den Aufgabenbereich einer Kommilitonin der Gruppe, die sich intensiv mit Brainwashing beschäftigte.

Indikator Brainwashing	Raelianer
Interpretation der Lebensgeschichte	- Menschen verdanken ihr Leben den Elohim (Außerirdische) - deuten Bibelgeschichte neu, verändern diese mit eigenen Erkenntnissen (erstes Klon-Baby heißt Eva, Prophet heißt Rael)
Veränderung von Gedankenmustern	- durch Workshops werden vermeidliche neue wissenschaftl. Erkenntnisse verbreitet bzgl. Kontakt zu Außerirdischen etc. - durch Spendenaktionen denken Menschen, sie engagieren sich weltweit für gute Zwecke → geraten dabei in Denkmuster der Sekte, werden durch Fotos etc. „aufgeklärt"
Verzerrte Wahrnehmung	- bisher bekannte Aussagen werden verdreht (s. Bibelgeschichte) - Haare dienen als Antennen für Kontaktaufnahme mit Elohim - eigene DNA kann verewigt werden - wissenschaftliche Erkenntnisse über Sterblichkeit wird abgelehnt - durch eigene Akademien wird Bildung an Sektenlehre angepasst - eigene Botschaften für Raelianer internat. - eigene Priester erteilen „Lebensberatung" → Abschottung der Außenwelt

Abb. 2: Indikatoren Brainwashing für die Raelianer
Auszug aus der Tabelle (S. Anhang II: Indikatoren Brainwashing)

Dies sind die wesentlich zutreffenden Indikatoren, anhand denen beurteilt werden kann, ob die Ufo-Sekte Brainwashing betreibt oder nicht. Da eine Übereinstimmung mit drei Aspekten nachweisbar ist, kann neben der Tatsache dass Brainwashing stattfindet auch nachvollzogen werden, inwiefern die Sekte dies umsetzt und auf welche Art und Wiese eine Gehirnwäsche an den Anhängern der Raelianer passiert. Die Tabelle sollte mit ihren Inhalten selbsterklärend sein.

4. Reflexion der Projektarbeit

4.1 Analyse der eigenen Leistungen

Da die Projektarbeit in einer Gruppe von fünf Studierenden stattfand, galt es zunächst eine gerechte und optimale Aufteilung der Schwerpunkte zu finden, um alle gleichermaßen einzubinden. Die jeweiligen Interessen und entsprechende Umstände mussten hierbei beachtet und einbezogen werden.

Da mein Interesse am Thema Sekten generell hoch war, ich mich jedoch nie tiefgründig damit beschäftigt hatte, war es relativ naheliegend, dass ich mich einer eher unbekannten Sekte widmete. Meine Hauptaufgabe lag hierbei in der gründlichen Recherche über die Inhalte der Sekte, sowie der gezielten Bearbeitung der Vergleichskriterien. Dem ging ich mit großer Neugierde und Gründlichkeit nach, um ein anschauliches Bild dieser für mich realitätsfernen Gruppierung zunächst in meiner Gruppe und später in der Präsentation vermitteln zu können. Dabei gelang ich an Punkte, an denen meine Toleranz eine Grenzerfahrung machte. Um die Recherchen wissenschaftlich halten zu können, musste ich meine Meinung gegenüber dem Gelesenen zurückhalten und die Annahmen der Sekte objektiv betrachten. Dies wurde zu einer meiner größten Herausforderungen. Die Raelianer nehmen beispielsweise Kontakt zu den Außerirdischen auf, in dem sie ihre Haare als Antennen nutzen und somit Nachrichten empfangen. Dies war für mich eine äußerst grenzwertige Tatsache, bei der ich an der Intelligenz der Anhänger zu zweifeln begann. Außerdem haben die Raelianer das Ziel, mit ihrer Klon-Technik Sex-und Arbeitssklaven zu züchten.

> „Wenn wir können, werden wir Sexpuppen machen, die nicht aus Gummi, sondern aus Haut bestehen. Wie ein Mensch, nur ohne Willen, Schmerzempfinden und Persönlichkeit." (Sekte zieht vor den Obersten Gerichtshof, Spiegel Online, 27. Juli 2001)

Ebenso wollen sie Jesus und Hitler klonen, angeblich um ihn vor Gericht zu stellen (Ufo-Sekte will Jesus klonen, Spiegel-Online, 09.08.2001). Diese Tatsachen drosselten mein tatsächliches Interesse und wandelte es in äußerste Skepsis. Ich zweifelte, ob ich es mit einer seriösen Gruppe von Menschen zu tun hatte oder dies ein Scherz der

Medien sein sollte. Doch nach weiterem Lesen wurde klar, dass es lediglich mein Horizont war, der mich drosselte und nicht ausreichte, um an solche Dinge zu glauben. Ich musste also meine Ansicht der Realität zügeln, um die der Raelianer zuzulassen.

Die zu untersuchenden Kriterien unserer Vergleichstabelle halfen mir dabei sehr, da ich mich beim Lesen auf wesentliche Punkte fokussieren konnte und nicht zu sehr in die Tiefen der Internetseiten rutschte, in denen die Lehren der Ufo-Sekte tatsächlich immer realistischer und logischer erschienen.

Des Weiteren fiel die Dokumentation der Arbeitsfortschritte, sowie der festgelegten Projektziele in meinen Aufgabenbereich. Hierbei setzten wir uns für jedes Treffen ein bestimmtes Ziel, das in der Arbeitsphase bis dahin bearbeitet werden sollte. Das tatsächlich Erreichte war nicht immer exakt das, was wir uns vorgenommen hatten, jedoch war bei jedem Treffen ein mehr oder weniger großer Fortschritt erkennbar. Diese Aufgabe war für mich persönlich sehr aufschlussreich, da eine Bilanz über unsere Arbeits-Effizienz sichtbar wurde. Diese dann wiederum an den Stellen, die weniger effizient waren, zu ändern, war bei fünf individuellen Gruppenmitgliedern sehr schwer umzusetzen.

4.2 Beurteilung des Lernfortschritts

Rückwirkend betrachtet, hat dieses Projekt mich vor Allem auf der *kognitiven Ebene* bereichert, in dem es mir viel Einsicht hinsichtlich der Verwendung von Begrifflichkeiten und Bildung von Meinungen verschaffte. Häufig liegt ein Sachverhalt vor, zu dem ich mir in kürzester Zeit eine Meinung anhand meines ersten Eindrucks bilde. Dabei ist mir häufig weder der genaue Hintergrund des Sachverhaltes, noch die genaue Bedeutung und Definition der Begriffe klar, die ich verwende. Dies war zu Beginn der Projektarbeit der Fall, als ich das Video („Der Prediger und ich", youtube.com) sah und sofort einen Standpunkt zum Thema Religion und Sekten hatte, der sich in der These „Religionen sind doch reine Sekten!" äußerte. Hierbei war mir weder der Begriff Religionen noch Sekten genau bewusst. Die Formulierung eigener Definitionen zu den beiden Begrifflichkeiten fiel in den Aufgabenbereich von Frau Baronick, nachdem wir inhaltlich in der Gruppe Arbeitsdefinitionen aufgestellt hatten. Da dies jedoch für meine Arbeit nicht signifikant war, will ich hierauf lediglich verweisen, jedoch nicht genauer eingehen. Auch meine weiteren Überlegungen rund um Manipulation schienen mir klar, obwohl ich nie über den gesamten Prozess der Manipulation nachgedacht, geschweige denn mich belesen hatte. Mein kognitiver Wissenszuwachs besteht also darin, dass ich die Begrifflichkeiten Religionen, Sekten und Brainwashing genauer kenne und verwenden kann, sowie Unterscheidungsmerkmale und Gemeinsamkeiten von einigen Sekten kenne.

An dieser Stelle überschneidet sich die kognitive mit der *personalen Ebene*. Sicher lernte ich im Laufe der Projektarbeit viel über die Ufo-Sekte und ihren Inhalt, jedoch geht dies vielmehr mit der Einsicht einher, toleranter gegenüber anderen Realitäten und Ansichten zu sein. Ich stempelte die Lehre und Grundannahme bereits beim ersten Recherchieren als „Spinne" und „völligen Schwachsinn" ab. Jedoch könnte ich genauso wenig das Gegenteil von dem beweisen, woran die Anhänger glauben. Dass diese Überzeugungen ebenso legitim sind wie meine, musste ich an dem Punkt einsehen, an dem ich die Frage „Kannst Du denn beweisen, dass deine Ansicht der Welt die Richtige ist?" nicht mit „Ja." beantworten konnte. Es fand also durchaus eine Sensibilisierung gegenüber fremden Weltanschauungen statt, die ich weiterhin vor allem auf die Inhalte im Religions-Bereich transferieren will und als großen Lernerfolg betrachte. Des Weiteren ist zur personalen Ebene zu sagen, dass meine Disziplin für das konsequente Bearbeiten eines Themas über mehrere Wochen hinweg nicht stabil war, was mir generell schwer fällt. Zu Beginn der Arbeit war mein Interesse und meine Motivation sehr hoch, mit den ersten eher weniger effektiven Treffen begann dies jedoch zu sinken. Gern hätte ich mich zwischendurch der reinen Recherche abgewandt und eher eine Präsentation vorbereitet, die jedoch aufgrund der geringen Zeit nur sehr knapp und wenig ausgearbeitet sein konnte. Ich hatte eher Spaß daran, dass Erlernte mitzuteilen und anderen davon zu erzählen. Sicherlich auch, um mein Erstaunen und die entstandene Skepsis zu teilen und andere Meinungen zu hören. Trotzdem kam hier meine Stärke zum Tragen, dass ich mich schnell für Sachverhalte begeistern kann und dies auf andere übertrage. So gelang es mir auch an Stellen der Demotivation der Gruppe, neue Begeisterung für die folgenden Arbeitsschritte zu verbreiten. Allgemein lag mir das Gruppenmanagement und meine Aufgabe, die Arbeitsziele zu koordinieren und festzuhalten. Ich behalte gern den Überblick über die einzelnen

Arbeiten, was jedoch auf einem schmalen Grad mit der Schwäche einhergeht, alles allein machen zu wollen bzw. es zu kontrollieren. Leider war dies auch bei einzelnen Gruppenmitgliedern nötig, weshalb es sich in dieser Projektarbeit als Stärke erwies. Allgemein möchte ich jedoch versuchen, mich auf Kommilitonen zu verlassen, um in meinem Lehrerberuf Dinge wie Teamteaching zu meinen Stärken zählen zu können. Hierzu war diese Gruppenarbeit sicher eine gute Möglichkeit.

An dieser Stelle lassen sich die Erfahrungen auf der *sozialen Ebene* einbringen. Hierbei fiel mir diese Gruppenarbeit sehr schwer, obwohl ich normalerweise Teamarbeit sehr wohl zu meinen Sozialkompetenzen zähle. Die Effizienz der Arbeit war jedoch bei allen Gruppenmitgliedern sehr unterschiedlich und auch die Absprachen wurden unterschiedlich eingehalten. Dies erschwerte das Erreichen der aufgestellten Projektziele, sowie das Vorankommen der Gruppe. Darunter litt vor allem meine eigene Lernmotivation und wurde zeitweilig sogar zur Lernfrustration, was sicherlich auch meiner Ungeduld zuzuschreiben ist.

Nachträglich würde ich eine Projektarbeit in einer Gruppe mit fünf Personen nicht noch einmal durchführen. Die Größe brachte meines Erachtens nach mehr Unstimmigkeiten und Schwierigkeiten bezüglich Terminen und Ergebnissen, als sie Vorteile hatte. Die Erreichung der gesetzten Ziele hätte jedoch sicher auch durch eine andere Methodik optimiert werden können.

Hinsichtlich der *methodischen Ebene* hatten wir zunächst wenig Spielraum, da eine eigene Erforschung der Sekten nicht möglich war, bzw. uns davon dringend abgeraten wurde. Aus diesem Grund blieb lediglich die Literaturrecherche als Grundlage, bei der ich mich vor allem auf die Website der Sekte selbst berufen habe, um sie möglichst authentisch und sachlich darzustellen und keine subjektiven Ansichten einzubringen. Auch die Zeitungsartikel, die ich verwendete berichteten lediglich über neue Erfolge der Raelianer, um aufzuzeigen, wie diese sich in der Öffentlichkeit präsentieren. Aus diesen Grundlagen stellten wir eine eigene Tabelle (Siehe Anhang I: Vergleichstabelle) auf, die mit Inhalten aus Primärquellen gefüllt wurden und nicht bereits wissenschaftlich ausgewertet wurden. Wir legten die Aspekte der Tabelle anhand unseres Wissens über Sekten vorab fest und begannen danach mit der allgemeinen Recherche über die zugeteilten Gruppierungen. Natürlich stellten sich während der Recherche andere Aspekte und bessere

Formulierungen heraus, weshalb wir sie mehrfach überarbeiten mussten. Dies führte erst spät zu einer expliziten Aufstellung der eigentlich wichtigen Aspekte und wir passten die Tabelle mit zunehmendem Wissen über die Gruppierungen an. Da die erste Gruppenarbeitsphase relativ frei der allgemeinen Recherche galt, kamen wir auch erst relativ spät und auf Umwegen zu einem zielführenden Ergebnis, worunter meines Erachtens nach die Effizienz der Zielbearbeitung litt. Dies könnte im Nachhinein verbessert werden, in dem man zuerst die Tabelle mit den wichtigen Aspekten aufstellt, die man anhand von entsprechender Fachliteratur erstellt, und erst dann die Gruppierungen gezielt untersucht, um die Aspekte abzudecken oder eben herauszufinden, dass sie nicht allgemein auf Gruppierungen zutreffen. Im Nachhinein hätte man dann die Tabelle und die Aspekte optimieren können und einen direkten Vergleich ziehen können, zwischen der Ausgangssituation und dem tatsächlichen Ergebnis. Diese Methode hätte vermutlich Zeit gespart und die Arbeitsphasen gezielter ablaufen lassen. Ähnlich ging die Kommilitonin bei den Indikatoren zum Brainwashing (Siehe Anhang II: Indikatoren Brainwashing) vor und stellte zuerst anhand der recherchierten Faktoren zu Brainwashing eine Tabelle auf, welche erst dann mit den zutreffenden Inhalten der Gruppierungen gefüllt wurde (Siehe Portfolio von Frau Wenzel). Hier wurde sofort deutlich, worin sich die Gruppierungen glichen und wo Abweichungen auftraten. Dies halte ich für einen wertvolleren Vergleich, als die Kriterien an die Inhalte anzupassen, bemerke diesen Schwachpunkt jedoch erst bei der Reflexion und muss zugeben, dass es mir hilft, die Methoden in folgenden Arbeiten mehr zu hinterfragen und effizienter einzusetzen.

Resümee

Rückwirkend betrachtet, konnte eine Beantwortung der zu Beginn erarbeiteten Leitfrage durch die angewandte Methodik und die Arbeit jedes Gruppenmitgliedes stattfinden. Auch das aufgestellte Projektziel, welches in der Bestätigung oder Widerlegung der These lag, konnte erreicht werden. Anhand unserer erarbeiteten Vergleichstabelle (Siehe Anhang I: Vergleichstabelle) kann man erkennen, dass es sich bei den Anhängern von Sekten nicht nur um Menschen in aussichtslosen Situationen handelt und sie sich auch nicht zwingend in Leid befinden müssen, um einer Sekte beizutreten. Auch die Frage, inwiefern Brainwashing zum Gewinnen bzw. Halten von Mitgliedern genutzt wird, haben wir anhand der Indikatoren für Brainwashing (Siehe Anhang II: Indikatoren Brainwashing) aufzeigen können.

Hinsichtlich dieser erreichten Ziele bin ich zufrieden mit dem Projektergebnis an sich, habe mir jedoch eine gezieltere und konstruktivere Durchführung vorgestellt. Mein persönliches Ziel wurde daher nur teilweise erreicht, in dem ich mich viel mit der Thematik Sekten auseinander setzte, meinem Interesse also nachgekommen bin, und meine personalen Kompetenzen wie Toleranz und Akzeptanz schulen konnte. Dass sich diese Kompetenzen anhand des Themas „Religionen und Sekten" herausstellen und in hohem Maße sensibilisieren lassen, war für mich sehr aufschlussreich. Diesen Schwerpunkt würde ich im LER-Unterricht in der R- und L-Dimension gern umsetzen und mit Schülern ein ähnliches Projekt durchführen, welches ich anhand meiner vorangegangenen Kritik optimieren und leiten würde. Außerdem würde ich viel mehr Zeit einräumen, über aufkommende Fragen zu diskutieren. Dies kam mir in der Gruppenarbeit und vor Allem in der Präsentations-Phase deutlich zu kurz, obwohl es ein sehr wichtiger Punkt des Projekts sein sollte. Das gewählte Thema wird mich über das Projekt hinaus weiter beschäftigen und bildet eine Grundlage für neue Unterrichtsideen, weshalb mich die Projektarbeit persönlich sehr interessiert und auch bereichert hat.

- „Der Prediger und ich", youtube.com 26.03.2015, ausgestrahlt im 3Sat am 23.03.2015
https://www.youtube.com/watch?v=EIdtYAziN2Q
[letzter Zugriff: 03.08.2017 13:46]

- Die Raelianer – Ufo-Glauben und Atheistischer Kreationismus, spektrum.de, Michael Blume, 19.02.2011
https://scilogs.spektrum.de/natur-des-glaubens/die-raelianer-ufo-glauben-und-atheistischer-kreationismus/
[letzter Zugriff: 07.08.2017 18:31]

- Die 10 gefährlichsten Sekten der Welt, huffingtonpost.de, Marcel Bohnensteffen, 05.06.2014
http://www.huffingtonpost.de/2014/06/05/gefaehrlichsten-sekten-_n_5445259.html
[letzter Zugriff: 04.08.2017 11:58]

- Homepage der Rael-Bewegung
http://www.inforel.ch/i1197.html
[letzter Zugriff: 04.08.2017 13:42]

- Sekte zieht vor den Obersten Gerichtshof, Spiegel Online, 27. Juli 2001
http://www.spiegel.de/panorama/klonen-in-den-usa-sekte-zieht-vor-den-obersten-gerichtshof-a-147498.html
[letzter Zugriff: 07.08.2017 20:11]

- Ufo-Sekte will Jesus klonen, Spiegel-Online, 09.08.2001
http://www.spiegel.de/panorama/0,1518,149223,00.html
[letzter Zugriff: 07.08.2017 20:29]

Anhänge

I Vergleichstabelle

Kriterium	Scientology	Zeugen Jehovas	Buddhismus	Ufo-Sekte
Begründer der Gemeinschaft	L. R. Hubbard (1911-1986) - Science-Fiction-, Pulp-Magazin- & Selbsthilfeautor - Forschung zur Studiertechnologie - Gründung: 1954	- Charles Taze Russell 1881 gegründet in Amerika „Ernste Bibelforscher"	- Siddhartha Gautama (Begründer, Ursprünge schon im 1. Jhd. v. Chr., z.B: Pali-Kanon)	- Claude Verhilon Gründung: Dezember 1973
Gründungsaspekte	- Studien über menschl. Verstand - Dianetikmanuskript = gr. Interesse → Forschung, Publikation, Vorträge, Gründung der Scientology (auch steuerl. Vorteile)	◻ Bibelbetrachtung - Unterschied zum Christentum, berufen sie sich auf ihre eigene Bibelübersetzung	- Leben und Wirken von Siddharta Gautama begründete die Religion	- Begegnung mit Außerirdischem, der Botschaft für die Menschheit überbrachte - Verfassung von Buch über Begegnung und Botschaft - Ausbreitung dadurch
Annahmen	- Mensch = unsterbliches, geistiges Wesen - daher: alle Menschen gleiche Rechte - Ausleben der Menschenrechte = spirituelle Freiheit	- Jehova der einzige Gott und Schöpfer ◻ ZJ lehnen die drei Einigkeit, Vater, Sohn und den heiligen Geist ab - ZJ sind überzeugt das eine neue Weltordnung bevorsteht	Die vier edlen Wahrheiten: 1. Die Wahrheit vom Leiden (Kreislauf des Leidens, „Samsara") 2. Die Wahrheit von der Entstehung des Leidens 3. Die Wahrheit von der Überwindung des Leidens 4. Die Wahrheit vom Weg zur Überwindung des Leidens -> basierend darauf: Der Edle Achtfache Pfad, um 1. Zu überwinden	- Menschen von technisch hoch entwickelten Außerirdischen geschaffen - Klonen verhilft zu Unsterblichkeit und Leben nach dem Tod - Mensch hat keine Seele, alles ist rational erklärbar
Lehre	- Mensch = mehr als Genetik & Umgebung - geistiges Wesen als Mittelpunkt, nicht Körper & Geist - mehr als ein Leben - unbegrenzte Fähigkeiten - 8 Dynamiken	- Jesus als das erste und einzige von Gott allein erschaffene Geschöpf Ziel: das lehren was Jesus lehrte, Christentum so leben, wie es die Urchristen praktizierten	Der Edle Achtfache Pfad: 1. Erkennen der Ganzheit des Lebens 2. Die Einsicht der Ganzheit -> Diese leben 3. Objektivität im Leben -> keine ichbezogenen Werturteile, gleichgültig den	-rationale Verbindung von wissenschaftlichen Sichtweisen und religiösen Gesichtspunkten - Klonen der Menschen verhilft zu irdischer Unsterblichkeit und paradiesischen Zuständen - Auserwählte führen göttlicheres Leben

	- Mensch = gut	Dingen und Menschen begegnen 4. vollkommenes Handeln, in der Gemeinschaft und mit allen Lebewesen Umsetzen 5. ganzheitliche Lebensführung: Keine Unterschiede zwischen heilig/unheilig; gut/schlecht; religiös/profan -> karmisches Handeln 6. gleichgewichtige Anstrengungen, in Geduld üben, Gleichgewicht von Anspannung-Entspannung 7. unablässige Achtsamkeit – alle physischen, psychischen und geistigen Vorgänge bewusst und kontrollierbar machen 8. ganzheitliche Einswerdung – mit der Einheit leben, wachsen und völlig in ihr aufgehen		→ Leben nach dem Tod/Unsterblichkeit durch Klonen und Mind-uploading
Selbstpräsentation	- Präsentation von hohen Mitgliedszahlen, die durch andere Quellen widerlegt werden - Videopräsentation - musikalische Untermalung - Symboliken	- Zeitschriften als Leitfaden im Bibelstudium jedes Jehovas: „Wachtturm" + „Erwachen" - modernes Missionieren Bibelkurse und Versammlungen *(dienen als Sprachrohr der weltzentrale Brooklyn, halbmonatlich 45 Millionen Exemplare in 213 Sprachen, auflagenstärkste Zeitung der Welt, durch Spenden finanziert)* - „Wachtturm" -Versammlungen	- Sehr offene Religion, auch für Atheisten und Angehörige anderer Religionen; interreligiöse Dialogprogramme weltweit	- Website, online-Shop, online-teaching, newsletter - Häufige Treffen in großen Gruppen an zu besetzenden Plätzen - Erbauen von Botschaften - Veranstaltungen internat.
Ziele/Versprechungen	- Hilfsmittel/ Methoden zu Lebensfragen	2006: Status der Körperschaft des öffentlichen Rechts, damit	Die Wahrheit vom Leid, der Kreislauf des Leids (Samsara)	- Leben nach dem Tod - Verewigung der eigenen DNA

	- spirituelle Befreiung: Erlösung, Vervollkommung → von Kreislauf Leben & Tod = spirituelles Überleben	anderen Kirchen gleichgestellt, wird nicht beobachtet	wird durch den Achtfachen Pfad überwunden -> man geht ins Nirwana über (keine Wiedergeburt mehr)	- Verbindung zu Außerirdischen (Elohim), die Menschheit gründeten
'Ausbildung' der Anhänger	- Auditing (Seelsorge) = Kern - Checksheets (vorgegebene Reihenfolge der Hubbard-Werke) - Kursleiter zur Hilfe & Unterstützung - kein Unterricht - Arbeit in individuellem Tempo, Stundenpläne pro Einzelperson → Grundlage: StudyTech-Forschung von Hubbard	eher ein lernen von Versammlung zu Versammlung	Ausbildung von Mönchen in Klöstern -> leben in Askese (Enthaltsamkeit), viel Meditation, Schriftstudien etc.	- „Rael-Academy" - Ausbildungsseminare für Strukturmitglieder und Guides - Bücherverkauf, CD für Meditation - eigene Literatur -Vorträge und Kurse über die Botschaft der Elohim -Meditations- und Erweckungsseminare -Treffen für Diskussionen -Meditationen -Vier grosse jährliche internationale Treffen (Feiertage), an denen Interessenten in ihren Zellplan an die Elohim übertragen können
Größe d. Gemeinschaft	Dtl.: 5.000-6.000 (Scientology selbst gibt 30.000 an, davon 12.000 aktiv) weltweit: 150.000 (Scientology selbst 10 Millionen)	2016: Anhänger ca. 8,3 Mill. Dtl.: ca. 200.000 Tendenz stabil	Viertgrößte Religion der Welt mit 230-500 Millionen Anhängern (je nach Quelle)	- Stand 2002 ca. 40.000 Menschen - andere Quellen: 50.000-70.000
Aufgreifen von religiösen Ansätzen	- Pflicht, dem Nächsten zu helfen → Karitatives zur Befreiung des Einzelnen			- ewiges Leben, Leben nach dem Tod erinnert an buddhistische Ansätze - Verbindung zwischen Außerirdischen und Gestalten in der Bibelanstalten - sprechen auch Atheisten an - Abneigung gegen katholische Kirche - wörtliches Verständnis der Bibel

Rituelle Praktiken	- nur bei Namensgebung/ Taufe, Hochzeit, Begräbnisse	wöchentliche Sitzungen im Königreichsaal: singen, predigen, beten, Bibelbetrachtungen □ Auslegungen aus dem Wachturm werden immer wieder besprochen und analysiert Taufen lassen= für den Glauben entschieden	Meditation, Leben in Askese, Schriftstudien	- häufige Meditationen (Haare dienen als Antennen), um mit Außerirdischen in Kontakt zu treten) - Hand auflegen lassen, um Körperbau an Außerirdische zu vermitteln (Rekonstruktion des Körpers nach Tod) → Taufritual
Prozess der Mitgliedergewinnung	- Werbung über Flyer in Briefkästen, öffentlichen Einrichtungen, teilw. Radio, Taxis usw. - Adressatengewinnung über Quittungen bei bspw. Buchkauf - Persönlichkeitstests („unverbindlich")	Missionierungstag: von Tür zu Tür ziehen es folgt ein Bibelvers, der Wachturm, Hinweis auf ein zweites Gespräch Bibelkurse, wöchentliche Sitzungen	Menschen gehen auf die Religion, auf Klöster zu; in vielen asiatischen Ländern -> von Geburt werden Kinder danach erzogen Buddhistische Missionare -> reisen in Städte und „predigen" buddhistische Lehren	-durch gemeinnützige Aktionen werden Leute einbezogen (Weltweit Spenden für irakische Kinder; in Frankreich und Kanada Lebensmittel für Bedürftige gesammelt; Teilnahme an Demonstrationen und –petitionen und für den Weltfrieden und für Menschenrechte) - Werbung: Mund-zu-Mund, Weitergabe von Büchern, Pressecommuniques, Vorträge, Internet -Menschen tuen zunächst etwas Gutes, werden dann durch Informationsveranstaltungen über die Überzeugungen aufgeklärt (Stand mit Fotos der Kornkreise) - durch „Lebensberatungen" eigener Priester werden Überzeugungen Teil des eigenen Denkens und Lebens

II   Indikatoren Brainwashing

Indikator	Beispiel
Isolation des Opfers	Isolationshaft, Isolation von Freunden und Familie, Zersetzung und Störung der Kommunikationsstruktur, Bedürfnis nach einer Gemeinschaft wird stärker
Selbstkonzept destabilisieren	Unsicherheiten erzeugen(Selbstbewusstsein), Anknüpfen an Bedürfnisse wie Anerkennung, Gemeinschaft und Emotionen wie Angst und Hoffnung, Soziale Identität beeinflussen (durch die Zugehörigkeit der bestimmten Gruppierung)
Interpretation der Lebensgeschichte	Schuld für die Lebenslage bei Opfer suchen; Lebensgeschichte durch Glaubenssystem der Gruppierung erklären,

Veränderung von Gedankenmustern, (Um-) Programmierung der Opfer	Systematische Umschulung durch Seminare und Workshop, häufiges Wiederholen von Denkmustern innerhalb einer Gruppe, Konditionierung (negative Folgen bei alten Denkweisen, positive Folgen bei vorgeschriebenen Denkmustern), keine Möglichkeiten der Reflexion von Handlungen und Verhalten, neue Versionen von Wirklichkeiten und deren Ursachen
verzerrte Wahrnehmung	Kontakt zu "ausgebildetetn " Mitgliedern der Gruppierung, Verdrehte Aussagen und Deneunziation von Familie+ Freunden, Kritik der Außenwelt=Verschwörung, Gruppierung ist attraktiver als die Außenwelt
Kontrolle über das Opfer	Bloßstellen und Beschimpfen durch Mitglieder der Gruppierung, Opfer wird zur Passivität gezwungen